José Miguel de la Rosa

I0224482

Hurgar en el azul
Hovering Above The Blue

Poesía Escogida / Selected Poetry

Traducción / Translation - Tonia Judith Leon
Prólogo / Prologue - Rhina Espaillat

Nueva York, 2020

artepoética press

Colección
Rambla de Mar

Hurgar en el azul / Hovering Above the Blue

ISBN-13: 978-1-940075-96-9
ISBN-10: 1-940075-96-3

Design: © Carlos Velasquez Torres
Cover & Image: ©Jhon Aguasaco
Editor in chief: Carlos Velasquez Torres
E-mail: carlos@artepoetica.com
Mail: 38-38 215 Place, Bayside, NY 11361, USA.

© Hurgar en el azul/ Hovering Above the Blue 2020 Tonia Leon
© Hurgar en el azul/ Hovering Above theBlue. 2020 for this edition
Artepoética Press

José Miguel de la Rosa

Hurgar en el azul
Hovering Above The Blue

Poesía Escogida / Selected Poetry

Traducción / Translation - Tonia Judith Leon
Prólogo / Prologue - Rhina Espaillat

**Colección
Rambla de Mar**

Contenido / Contents

Preámbulo

Aquí les cuento la génesis de este libro, *Hurgar en el azul*. En 2012, al conocer a José, me enamoré tanto del poeta como de su poesía; empecé a traducir algunos de sus poemas al inglés por puro gusto. Luego se me ocurrió que sería bonito llevar algunas de las traducciones al taller de poesía en inglés al que asisto desde hace muchos años. Mis compañeros quedaron encantados con sus poemas, con la visión que José presentaba de la cuidad de Nueva York y me pidieron más. Así, me di cuenta de que estas traducciones podrían servir también como un puente cultural. Me tomó muchísimo tiempo convencer al poeta de preparar este libro para su publicación; después de mucho, él aceptó y lo completamos juntos. Estoy feliz de poder compartir la visión poética de José con un público más vasto, a pesar del dolor de no poder celebrar este logro con él.

Preamble

I would like to tell the reader about the genesis of this book, *Hovering about the Blue*. In 2012, when I met Jose, I fell in love with the poet as well as with his poetry; I then began to translate some of his poems to English just for the pleasure of it. It then occurred to me that I could bring some of these translations to the poetry workshop which I had attended for many years. My colleagues (who were all English speaking) were enthralled with Jose's poetry, his vision of the city and of life; they proceeded to ask me for more. This made me realize that beyond communicating the poet's personal vision, these translations could be a bridge between cultures. It took a long time for me to convince Jose to prepare this book for publication, but after a long time, he agreed and we completed the manuscript together.

I am happy to be able to share Jose's poetic vision with a larger reading public in spite of the sadness of not being able to celebrate this occasion with him.

Dedicatoria

Quisiera dedicar este libro a mi familia: Dan y Jeff Hysko; a mis nueras, Sierra y Amy; y a mis nietos Knatas, Robbie y Nathan.
A los miembros de The Long Island Poetry Collective.
A Victor Beauchamps y a todos los amigos que me brindaron su cariño y apoyo durante estos meses tan difíciles.
Y a la memoria de mi querido José, este poema:

José

Mornings he did his morning things
smile at me with a smile which embraced the universe
he'd fly through the air searching for the people
who dwelled in Chagallian space
landing he danced around the kitchen table
until he'd alight upon a rickety chair
to drink his thimbleful of coffee with childish delight

in the sleep alcove José set the sheets a-sail
till they billowed leagues above the bed
bringing down whiffs of heaven
to fragrance our dreams at night.

Tonia Judith Leon
August 16, 2020
Portland, Oregon

Dedication

I wish to dedicate this book to my family: my sons, Dan and Jeff Hysko; my daughters-in-law, Sierra and Amy; and my grandsons, Knatas, Robbie, and Nathan.
To the members of the Long Island Poetry Collective.
To Victor Beauchamps and all the friends who offered their loving support during these difficult months.
And this poem in memory of my beloved José:

José

Mornings he did his morning things
smile at me with a smile which embraced the universe
he'd fly through the air searching for the people
who dwelled in Chagallian space
landing he danced around the kitchen table
until he'd alight upon a rickety chair
to drink his thimbleful of coffee with childish delight

in the sleep alcove José set the sheets a-sail
till they billowed leagues above the bed
bringing down whiffs of heaven
to fragrance our dreams at night.

Tonia Judith Leon
August 16, 2020
Portland, Oregon

Reconocimiento

Se hace difícil escribir esta nota de reconocimiento, por dónde empezar y por dónde acabar. De hecho, José andaba repartiendo cariño y dando apoyo a todos los que encontraba en su camino y seguramente hubiera querido seguir así. Por eso, pedimos perdón si dejamos de anotar algún nombre en esta página.

A Rhina Espaillat por su amistad y por el prólogo.

A sus hermanos: Auris Bourdon, Milagros, Neris y Rafael de la Rosa.

A la querida amiga, Yrene Santos, sus hijos y toda su familia.

Al amigo desde la infancia Emiliano Pérez y su familia. A Juan Carlos y a Marisa Ródriguez. A los poetas/amigos Tomás Galán, Nicolás Linares, Josefina Báez.

A los amigos, "maestros" de Teátrica: Alex Vásquez Escaño, Pablo García Gámez, Claudio Marte. A Vivian DeAngelo y a todo el equipo de IATI. A Pedro Monge Rafuls, Fabián González y Zaida Corniel.

A los compañeros del Centro Cultural de Queens: Juan Tineo, Fausto Rodríguez, Sergio Andruccioli, Elssie Cano y doña Ramona.

A los poetas y/o editores: Carlos Aguasaco, Carlos Velásquez, Mónica González, Alex Peña, Franklin Gutiérrez, Edgar Smith, Juan Navidad, Walter Ventosilla.

Deseamos reconocer a los colegas y a los amigos del Departamento de Cataloguing at New York Public Library & Brooklyn Public Library, y especialmente a Steve Pisani, Assistant Director y a José Oliveras.

Al Comisionado Dominicano de Cultura de los Estados Unidos y a todos los festivales, asociaciones, ferias, centros y grupos culturales y literarios con los que compartió su palabra.

A los libreros de Strands Books donde José pasaba horas después del trabajo o los fines de semana; a Ramón Caraballo y su Barco de Papel ; a los guardias del Museo Metropolitano que siempre frecuentaba.

Y a tantos otros, cuyos nombres ignoramos: la gente de la calle 74 de North Bergen, los choferes y despachadores de autobuses, a quienes siempre saludaba como amigos.

A todos los poetas, creadores de historias, hacedores de arte en sus distintas manifestaciones. Gracias infinitas por regalarle a José, aprecio, respeto y tantas sonrisas.

Acknowledgments

It is difficult to write these words of acknowledgment: where to begin and where to end? In reality, Jose went through life lovingly offering support to all he encountered; surely, he would have wanted to continue doing so. For that reason, we want to ask for your understanding if we fail to name someone here.

For Rhina Espaillat for her friendship and the prologue.

For Jose's siblings: Auris Bourdon, Milagros, Neris and Rafael de la Rosa.

For her dear friend, Yrene Santos, her children, and her extended family.

For his dear friend, Yrene Santos, her children as well as the whole family.

For his friend since childhood Emiliano Pérez and his family. For Juan Carlos and Marisa Rodriguez. For the poets/friends Tomas Galan, Nicolas Linares, Josefina Baez.

For his friends, the "maestros" of Teatrica: Alex Vásquez Escaño, Pablo García Gámez, Claudio Marte. For Vivian De Angelo and the entire staff of IATI. For Pedro Monge Rafuls, Fabián Gález and Zaida Corniel.

For his colleagues/friends of the Centro Cultural Hispano/Latino of Queens (and the Hispanic/Latino Book Fair): Juan Tineo, Fausto Rodríguez. Sergio Andruccioli, Elssie Cano and doña Ramona.

For the poets/editors: Carlos Aguasaco, Carlos Velásquez, Monica González, Alex Peña, Franklin Gutierrez, Edgar Smith, Juan Navidad, Walter Ventosilla.

We wish to recognize his colleagues and friends from the Cataloguing Department at the New York Public Library and Brooklyn Public Library, and especially Steve Pisani, assistant director and José Oliveras.

For the Cultural Commission of the Dominican Republic in the United States and all the festivals, associations, fairs, cultural centers and cultural and literary groups where José presented his literary work.

For the booksellers of Strands Books where Jose would spend hours after work or on the weekends. For Ramon Caraballo y his Barco de Papel as well as for the guards at the Metropolitan Museum of Art which he loved to visit.

And for so many others whose names we don't know: the people of 74 Street of North Bergen where he lived; chauffeurs and dispatchers of the buses which he rode daily, and whom he always greeted as friends.

For all the other poets, writers, and creators of art in its many expressions. We wish to thank you profoundly for offering Jose your appreciation, respect and smiles.

Prólogo

Me ha tocado la dichosa tarea de comentar sobre un libro que—¡porque conozco la obra de José de la Rosa!—sabía de antemano que iba a ser un placer. Y así mismo ha sido, porque son muchos los encantos que tiene la poesía de este poeta. La musicalidad de su conversación íntima y suave agrada el oído interior del lector; sus figuras sorprenden la imaginación; y su temática, sutil y profunda pero siempre asequible, le dice al lector que le habla un amigo inteligente que intenta, siempre, comunicar.

Pero el mayor encanto de esta poesía es algo menos común: su actitud hacia esa temática, que es nada menos que la vida humana. El epígrafe que comienza la obra es de Miguel de Unamuno, y se refiere "al amor de la lumbre cuya llama como una cresta de la mar ondea." Esa lumbre que, sí, ondea, pero no se apaga, ilumina estos poemas con una luz movediza pero eterna. Se trata del amor a la creación, al mundo, a la experiencia diaria que se goza a través de los cinco sentidos y la mente que los interpreta, y que le permite al poeta el gozo de la empatía, la capacidad de escaparse de su individualidad estrecha para volverse otro.

Así comienza el libro con "Regreso," donde el poeta celebra la poesía que lo llama a su playa "como marinero ansioso, y allí dialoga "con la olas, los peces y las gaviotas," se llena de "deseos y sal," y vuelve "como anfibio, con otra piel, con otro sueño." Ese deseo de ser multiforme, de librarse momentáneamente de la jaula de deseos y sueños estrictamente personales—es decir, del saco físico que nos contiene y separa—es un deseo salubre, positivo, y no común en la poesía confesional que hoy tiende a interiorizar la experiencia y observarse en un espejo de palabras. De la Rosa, al contrario, repite, en poema tras poema, su movimiento hacia lo externo, lo otro que lo llama sin cesar precisamente porque es otro y despierta en el poeta una curiosidad tan amorosa como inagotable.

Así recuerda, en "Adolescencia," con nueve líneas de pura acción, las sensaciones del muchacho montado en bicicleta que se arroja al camino "como el pez que muerde el anzuelo." Así se lanza, en "Imaginaria," a la fantasía, las imposibilidades que resultan ser sólo "un día sin fecha." Así, en "Self," poema curiosamente titulado en el segundo idioma del poeta—el idioma del otro—el poeta sacude su ser, dándole "patadas" y hasta "una pela," para sacarlo—o sea, sacarse—de su habitación y ponerse "a andar." Así nos confiesa que sus palabras cuelgan, sangrientas, de ganchos como los que utiliza el carnicero.

Hasta sus delicados poemas de amor, llenos de vulnerabilidad; los otros que recuerdan su niñez y su tierra natal; los que abordan la vida del inmigrante y se quejan del "corazón de hierro" de New York; los que se imaginan la muerte del poeta—en fín, todos—expresan una ternura irresistible, un agradecimiento inapagable hacia la vida, tal cual sea. ¡Qué bueno que existe poesía como ésta, que bendice la existencia, con toda y su tendencia a "ondear" como una llama, y sí, finalmente apagarse!

Y qué bueno, también, que existe el arte de la traducción como lo practica Tonia León, quien ha sabido imitar la sencillez y musicalidad de estos poemas sin sacrificar ni su riqueza emocional ni su sutileza. Ha logrado poemas originales en inglés dignos de los originales en español, y tan fieles a éstos que quien no lo sepa por adelantado no sabrá con certeza cuál es cuál.

Rhina P. Espaillat

Foreword

It has been my happy task to comment on a book that I knew I would enjoy—because I know the work of José Miguel de la Rosa!—and so it has been, thanks to the many positive aspects of the work of this poet. The musicality of his intimate, quiet conversation delights the reader's inner ear; his imagery surprises the imagination; and his themes, subtle and profound but always accessible, tell the reader that he is being addressed by an intelligent friend who means, always, to communicate.

But the greatest charm of this poetry is something less common: his approach to an overarching theme, which is nothing less than human life. The epigraph introducing the work is by Miguel de Unamuno, and dedicates the volume "to the love of that light whose flame wavers like a wave of the sea." That light does, in fact, waver, but does not die down; rather it illuminates these poems with a glow that moves but endures forever. These poems deal with the love of creation, of the world, of the daily experience that manifests itself through the five senses and the mind that interprets their perceptions, and allow the poet to enjoy the sensation of empathy, the capacity to escape his one narrow, individual being and become another.

So the book begins with "Return," in which the poet celebrates the poetry that calls him to its beach "like an anxious sailor," where converses "with the waves the fish and the seagulls," drinks his fill "of desire and saltwater," and then returns, "like an amphibian with another skin with another dream." That desire to be multiform, to be liberated for a moment from the prison of desires and dreams that are strictly tied to personhood—which is to say, the physical sack that contains and separates us—is a healthy, positive desire, not often encountered in the confessional poetry that today tends to internalize experience and invites us to observe ourselves in a mirror of words. On the contrary, de

21

la Rosa rehearses, in poem after poem, his motion toward the external, the "other entity" that calls him incessantly precisely because it is "other" and awakens in the poet a curiosity as loving as it is unending.

And so the poet remembers, in "Adolescence," which consists of nine lines of pure action, the sensation experienced by the boy who mounts his bicycle and hurls himself onward "like a fish which trails the lure." So he thrusts himself, in "Nameless Day," into fantasy, the impossible events that comprise "a day without date." Again, in "Self," a poem curiously titled in the poet's second language—the language of the other—the poet shakes his own being, kicks him, even gives him "a licking," in order to force him out— that is—force himself out—of "his usual dwelling place" and set him "on his way." And so he confesses to us that his words hang, dripping blood, from hooks like those used by the butcher in his "Slaughterhouse."

Even his delicate love poems, replete with vulnerability; those others that recall his childhood spent in his native country; those that focus on the life of the immigrant and complain of New York City's "heart of iron"—in short, all his work—expresses an irresistible tenderness, an unquenchable gratitude toward life, whatever it may entail. How wonderful that such poetry exists, poetry that blesses existence, despite its tendency to "waver" like a flame, and yes, finally to go out!

And how fine, also, that the art of translation can be practiced as Tonia Leon does, imitating the simplicity and musicality of these poems without sacrificing either their emotional richness or their subtlety. She has succeeded in producing original poems in English worthy of their Spanish true originals, and so faithful to the latter that a reader unaware in advance of which is which will not know how to identify one from the other.

Rhina P. Espaillat

*"Al amor de la lumbre cuya llama
como una cresta de la mar ondea."*
Miguel de Unamuno

"For love of the light whose flame
swells like a crest of the sea"
Miguel de Unamuno

Hurgar en el Azul

Hovering Above The Blue

Regreso

He vuelto a tu playa, poesía,
como marinero ansioso,
después de dialogar
con las olas, los peces y las gaviotas,
después de llenarme de deseos y sal,
he vuelto, como anfibio,
con otra piel, con otro sueño.

Return

I've returned to your shore poetry
like an anxious sailor
after communing
with the waves the fish and the seagulls
after drinking my fill
of desire and saltwater
I've returned like an amphibian
with another skin with another dream

Adolescencia

Decir adios montado en una bicicleta
y dejar atrás una estela de mariposas.
Seguirle la corriente a la vida como
el pez que muerde el anzuelo.
Continuar, vestido de sueños,
en línea recta por la tarde amarilla.
Atravesar el campo, ruiseñoreando,
con las nubes al cuello, para subir la cuesta,
donde duerme un sol de rojo vivo.

Adolescence

to say goodbye mounted on a bicycle
leaving behind a trail of butterflies
following the flow of life
like a fish which trails the lure
dream-wrapped you keep going
in a straight line through the yellow afternoon
crossing the fields nightingaling
with clouds around your neck
to climb the hill
where a bright red sun sleeps

Imaginaria

Abrigos en medio de
la niebla esperan
el tren
una inmensa nube de aceite
navega en el cielo
el mar se ha desintegrado
en mariposas
un hombre se saca
un pez del bolsillo
una mujer lleva un pulpo
como sombrero
un niño camina a la escuela
con una gaviota
debajo del brazo
Cuándo? Dónde?
Es un día sin fecha
y sin nombre
una hoja suelta
del calendario.

Nameless Day

in the middle of the fog
overcoats waiting for a train
an immense cloud of oil
sails through the sky
the sea has crumbled
into butterflies
a man removes
a live fish from his pocket
a woman proudly wears an octopus as her hat
with a mourning dove
tucked under his arm
a child walks to school
when? where?
a day without date
without name
a loose leaf torn
from the calendar

Self

He sacado a patadas
a mi self de su habitación.
Le hice unos zapatos
de la noche
para que saliera como Don Quijote
a limpiar nuevos caminos.
Le dí una espada
para que la llevara
en la mano derecha
y en la otra, una flor.
Antes de partir lo colgué
de un almendro,
le dí una pela,
y le apreté el cuello.
Le mordí la lengua,
le comí el pelo,
le metí dos libros en las axilas,
y lo puse a andar.

Self

I've ass-kicked
my Self from his usual dwelling place
then I cobbled some shoes for him
from the night
so he could go forth like Don Quixote
to slash new paths
I armed him with a rusty sword
to carry in his right hand
and in his left a flower
before leaving I tied him
to an almond tree
gave him a licking
tightened his collar
bit his tongue
ate up his hair
tucked a book under each armpit
and sent him on his way

Matadero en fin de semana

En este matadero
cerrado en fin de semana
abandonado a la suerte
de las ratas, el polvo
y el misterio,
ambiente de humedad,
olor a sangre derramada,
confundidas entre las carnes:
ojos de cerdos,
hiel de vaca,
entrañas de cordero,
podridas por las moscas
que se han posado en ellas
cuelgan
de un gancho
las palabras.

Slaughterhouse

in this slaughterhouse
closed for the weekend
abandoned to the whims
of rats dust and mystery
stank dwelling place of dampness
stinking of spilt blood
mixing of meats
pigs' eyes
bovine bile
innards of lamb
rotting flesh
succulent morsels for the flies
which feast on them
on a nearby hook
hang my words

En silencio

solo en silencio
bajo el cielo,
como árbol en otoño
que no entiende lo que ocurre
me deshago en palabras

Silently

alone in silence
beneath the heavens
like a tree in autumn
not knowing what's happening
my being becomes undone
falling away into words

Solsticio de invierno

el problema amor
no es la soledad
es la noche que cae bajita
en invierno
sujétate a tu sueño.

Winter Solstice

it's not the loneliness my love
but the night
a raw December night
which presses down upon the earth
distancing us even more from heaven
wrap yourself in my dream dear one

Salvoconducto

Hablando conmigo mismo, el aliento
se me vuelve gotas de lluvia
que caen en la acera de la existencia,
y siento la dulce sensación,
la del desesperado que pide
shocks eléctricos,
como único recurso
de su desesperación,
salvoconducto urbano
que le permita cambiar
de mes o de valija,
patentizar la noche o
meterse la luna en un bolsillo
sin tener que darle
explicación a su conciencia.
Hablando conmigo mismo
las palabras se transforman
en cuervos legendarios,
que suben, a veces, a picotear
las nubes de cielos desolados,
donde sólo habitan
fantasmas de arena
o pájaros perdidos
detrás de los espejos.
Hablando conmigo mismo
me crecen abejas
en el pelo que fabrican
una miel exquisita
y amarga
con la que me sostengo.

Day Pass

talking to myself my breath
becomes raindrops
which fall on life's sidewalk
and I feel the sweet sensation
that of a desperate man who asks for
electric shocks
as the only way out of his depression
urban safe conduct
which permits him to change
the calendar month
or his suitcase
to patent the night or
put the moon in his pocket
without having to give
any explanation to his conscience

talking to myself
the words change into
mythic crows
who rise sometimes to peck
at clouds in desolate skies
where only sand ghosts
or lost birds survive
behind the mirrors
talking to myself
bees grow in my hair
churning an exquisite
but bitter honey
which keeps me going

La última fiesta

Hurgando en el azul del cielo
entre las nubes he encontrado:
monedas
una llave
una foto de mi madre
Entre los espejos he buscado mi imagen
perdida en mis andanzas
Y la hallo atrincherada
entre las horas quemadas
de aquel atardecer de julio
en un rincón de la sala
en donde concluyó el ultimo baile
que celebramos en casa.

Rummaging Through the Clouds

drifting through the blueness of the sky
I've come across
loose change
a misplaced key
a picture of mama
in mirrors I've searched for my image
lost in my evening wanderings
to find it lodged
among the scorched hours
of that afternoon in July
in a dusty corner of the living room
where the last dance
we celebrated at home
came to its end

Carrusel

Mamá me ha montado
en el carrusel de la feria,
pero el caballito que cabalgo
no se mueve; los de los otros
niños sí.
Me dice adios oronda y lejana.
Se imagina que hago peripecias,
que galopo y subo hasta las nubes.
Ha comprado dulce de algodón
y palomitas de maíz
que me guarda como trofeos.
Quiero desmontarme,
salir corriendo; pero no puedo.
Mamá me hace seña para que siga galopando.
Me dan ganas de llorar y no me atrevo
La risa de los niños
me aturde. Los contemplo
lleno de espanto desde mi caballito estacionario.

Carrousel

Mommy's lifted me up
and put me on the merry-go-round
but my wooden horse won't trot
won't move like the other kids'
she throws me a kiss
already far away she smiles to herself
maybe she thinks I'm in motion
galloping and climbing through the clouds
she's bought cotton candy and popcorn
to surprise me later on
I want to get off
to run away but can't.
mommy gestures keep on galloping
becalmed I want to cry but dare not
the laughter of the other children
feels like a taunt
terrified I watch them
from my frozen pony

Reminiscencia

Hoy Nueva York se parece a Londres.
En su corazón de hierro hay un vacío lejano.
Se marcharon los pájaros,
llevándose consigo las sonrisas y los sueños.
El mar existe como recuerdo arqueológico.

La neblina ha ganado la ciudad.

Reminiscence

today New York might be London
only emptiness resides in its heart of iron
the birds have left
taking with them even our smiles and dreams
the ocean lives only as an ancient memory

the fog has engulfed the city

Visión

La tarde empezó a llenarse de paraguas negros,
rojos, amarillos y morados.
La ciudad, entonces, fue un cuadro impresionista.
Una savia plateada caía por todas partes
y llenaba las cosas con su líquido de sueño.
Crecieron en las suelas de los zapatos
plantas verdes y exuberantes.
Los paraguas se convirtieron en pájaros
que invadieron el cielo,
cuyas alas se derritieron al salir el sol.

Vision

crimson black purple and orange umbrellas bloomed that
afternoon
reflecting the city's lights
then they weaved themselves into an impressionist painting
a silvery sap fell upon everything below
filling objects with a dreamlike liquid
from the soles of shoes eager green plants sprouted
umbrellas became birds
which invaded heaven
as the sun left the sky
colors from their wings melted into the sunset

Bienvenidos a S.D.

Dos ojos pegados a unas alas
descubren la vida
una mujer carga el mar Caribe en la cabeza
la tarde planchadita se resume en las vidrieras
mariposas de papel
flores de celofán
chichiguas soñadoras
de cualquier jardín brota una golondrina
es alguien que sonríe
un perro sarnoso conversa
con una costurera
hasta la conciencia bulle
bajo el sol tropical
una palmera es una muchacha
en sus mejores tiempos
un hombre camina descalzo
será un dios de un sueño
un enjambre de obreros agota la luz del día
la tristeza se vierte en una batea
o se quema en un inmenso fuego
el humo es el major aliado de esta ciudad
una cigarra hace su nido en las pestañas
bienvenidos al país de las maravillas.

Welcome to Santo Domingo

two eyes glued to wings
gaze down at life in D.R.
at the waterfront a woman
carries the Caribbean Sea on her head
the afternoon neatly ironed out
reflects itself in the storefront
paper butterflies
cellophane flowers
sleepy tropical birds
from the warm earth of any garden
 a wood thrush may bloom
it's someone's smile
a flea-bitten dog consults
a down in-the-heels seamstress
here even consciousness boils over
beneath the sultry sun
a palm tree was a young girl in her better days
a barefoot man who ambles along
may be a sleepwalking deity
a swarm of workers uses up the daylight
then sadness overflows from a washtub
or is burnt up in a raging blaze
steamy smog is on most intimate terms with this city
a cicada builds its nest
in someone's eye lashes
welcome to Wonderland

Tempestad

Qué golpe, aquel, de aldaba,
Sobre el ébano frío de la noche.
Manuel Altolaguirre

Ella me nevó en los ojos
Y tuve que hacer del viento
y de las horas secas una manta
para mantener el calor en mi cuerpo
Me escupió la sopa en el plato al salir
Con vuelo de pájaro iba
Y se fue
con su huracán de faldas
confundiendo lo malo con lo bueno
canturriando con voz desafinada
una melodía de hojas de ciruelo en la lluvia

Windy Day

What a blow, like that of an iron knocker
Upon the cold ebony of the night
Manuel Altolaguirre

triumphantly she threw dirty snow in my eyes
then out of the winter wind and empty hours
I strained to weave a wrap that could warm my being
on her way out she spat into my soup bowl
and then in the blink of an eye
she left
was gone in a storm of petticoats
confounding evil with good
humming in an off-key voice
a melody of plum leaves
stirring in the wind

El poeta enamorado

(A Rubén Darío, in memoriam)

Aupar el momento
como el poeta
que descubre el éxtasis
de las alturas
a través de la trapecista
que lo embruja
con sus peripecias
en el aire
cuando la tarde es solo
una semilla de luz
envuelta en papel de celofán
mientras que un suspiro
de Schumann
va llenando con su perfume
cada rincón de la carpa
En tanto
un armadillo carga en el lomo
un jueves de mercado tropical

The Poet In Love

(for Ruben Dario, in memoriam)

rise to the moment
like the poet
who finds ectasy
in the heights
bewitched by
a trapeze artist
with her aerial acrobatics
the afternoon is barely
a shard of light
wrapped in cellophane
and a song of Schumann
is filling the farthest corner of the tent
with its fragrance
outside being Thursday
an armadillo carries
a tropical market around on his back

Cenizas

Te esperaba a la vuelta de la esquina
debajo del parapete del destino
cobijándome de la lluvia de la inocencia
horas largas
con la sola compañía de mi perro
con un libro de poemas bajo el brazo
inquieto tembloroso
disparaba la mirada a cada movimiento
o destello
tratando de anticipar tu llegada
un arcoiris se deshacía a lo lejos
la noche se desplomaba (con luna y todo)
en una polvareda de ceniza
que me dejaba ciego de ti
regresaba a casa con las manos llenas de sueño aún
encendía la lámpara
y empezaba a imaginarte de nuevo

At Nightfall

long hours would pass as I waited for you
around the corner under the parapet of destiny
sheltering myself from the rain of innocence
with a book of poems under my arm
and my dog as sole companion
troubled trembling
shooting glances at every moving object or spark of light
straining to anticipate your arrival
rainbows would fall apart in the distance
while nights collapsed (with the moon and all of heaven)
in distant dust storms of ash
blinded by love for you
I would return home with my hands full of dreams
light the gas lamp
and begin to imagine you once again

Herido de soñarte

muriendo entre azucenas
que expiran en un jardín de traspatio
en el barrio más humilde
donde los perros ladran a tu ausencia
detrás de la ventana
que se ha bebido las nubes y los espejos
con los ojos amoratados de insomnio
te espero.

Wounded by my Dream

waning from ceaselessly dreaming of you
fading away like the water lilies
withering in my backyard garden
forlorn as the poorest 'hood
where howling dogs are haunted by your absence
 I stand behind a window
which has devoured all the clouds and mirrors
with eyes purpled from sleeplessness
and wait for you

Postcard

Te escribo desde abril
esta ciudad/puerto estacionaria
desde el centro de este sueño
entre aleteos de pájaros
y el ruido de sirenas y de la algarabía de la gente
desde este jardín de palabras
desde este mercado casi nocturno
te escribo

Postcard

I'm writing you from this port city
known as April
crossroads of the seasons
from the center of this dream
among the flapping wings of birds
the screeching of sirens
and the joyful din of the crowds
from this garden of words
from this marketplace at dusk
I am writing you

Legado

Les dejo mi sombrero y mi sobretodo,
con los que me cubro del polvo sidereal,
mis botines viejos,
la angustia que me han dejado los años,
este orgullo de homo sapiens con paraguas,
el sabor amargo de los crepúsculos de un país ajeno,
el humo de las fábricas,
este enredo de alambres de alto voltaje que es esta ciudad
les dejo todo,
menos mis sueños y mi sonrisa de flamboyán.

Legacy

I bequeath to you my hat and overcoat
which sheltered me from stardust
my worn-out work boots
the anguish assigned to me by time
the pride of homo sapiens with umbrella
the bittersweet taste of twilight in an alien land
the smoke of factories
this tangle of high voltage wires that passes for a city
I leave everything to you
except my dreams and my flashy smile.

Aclaración

La mayoría de estos poemas proceden de los siguientes poemarios: *Entre sonrisas y sueños*, *Otra latitud* y *Días infinitos*. En las traducciones, nos hemos tomado la libertad de cambiar la puntuación original.

Clarification

Most of these poems come from the following books: *Entre sonrisas y sueños*, *Otra latitud* and *Días infinitos*. We have taken the liberty of changing the original punctuation in some of the translations.

www.ingramcontent.com/pod-product-compliance
Lightning Source LLC
Chambersburg PA
CBHW031225090426
42740CB00007B/718